BEI GRIN MACHT SICH IHR WISSEN BEZAHLT

AF151465

- Wir veröffentlichen Ihre Hausarbeit,
  Bachelor- und Masterarbeit

- Ihr eigenes eBook und Buch -
  weltweit in allen wichtigen Shops

- Verdienen Sie an jedem Verkauf

Jetzt bei www.GRIN.com hochladen und kostenlos publizieren

Bibliografische Information der Deutschen Nationalbibliothek:

Die Deutsche Bibliothek verzeichnet diese Publikation in der Deutschen National-
bibliografie; detaillierte bibliografische Daten sind im Internet über http://dnb.d-
nb.de/ abrufbar.

Impressum:

Copyright © 2015 GRIN Verlag, Open Publishing GmbH
Druck und Bindung: Books on Demand GmbH, Norderstedt Germany
ISBN: 978-3-668-20816-2

Dieses Buch bei GRIN:

http://www.grin.com/de/e-book/320972/einfuehrung-in-die-it-infrastructure-library-
itil-grundlagen-strukturen

Mehmet Gencsoy

Einführung in die IT Infrastructure Library (ITIL). Grundlagen, Strukturen und kritische Würdigung

GRIN Verlag

GRIN - Your knowledge has value

Der GRIN Verlag publiziert seit 1998 wissenschaftliche Arbeiten von Studenten, Hochschullehrern und anderen Akademikern als eBook und gedrucktes Buch. Die Verlagswebsite www.grin.com ist die ideale Plattform zur Veröffentlichung von Hausarbeiten, Abschlussarbeiten, wissenschaftlichen Aufsätzen, Dissertationen und Fachbüchern.

Besuchen Sie uns im Internet:

http://www.grin.com/

http://www.facebook.com/grincom

http://www.twitter.com/grin_com

Inhaltsverzeichnis

Abbildungsverzeichnis

1 Einleitung

Die Bedeutung der IT hat für Unternehmen in den letzten Jahren stark zugenommen. Dabei hat sich die IT von einem reinen Infrastrukturprojekt zu einem integrierten und automatisierten Softwarekomplex entwickelt, welchen Unternehmen für ihre Geschäftsprozesse benötigen. Und die Entwicklung geht weiter, zum Beispiel stellt die anstehende 4. Industrielle Revolution (Industrie 4.0) die IT vor neue Herausforderungen.[1] Hierbei wird durch die Vernetzung von Maschinen und den Einsatz neuer Technologien eine bessere und intelligentere Produktion angestrebt. Dadurch entwickelt sich die IT immer mehr zu einem kritischen Produktionsfaktor. Damit hängt der Unternehmenserfolg von einer funktionierenden IT ab. Um dies bewerkstelligen zu können, brauchen die Unternehmen eine gut strukturierte und organisierte IT-Abteilung.

Die IT-Abteilung einer Organisation existiert dabei hauptsächlich, um IT-Dienstleistungen zu liefern. Im Gegensatz zu physischen Produkten kann eine Dienstleistung erst durch die direkte Interaktion bzw. Kommunikation mit den Kunden erbracht werden. Somit kann man Dienstleistungen nicht wie bei einem Produkt vor der Lieferung prüfen und bewerten. Dadurch wird die Qualität einer Dienstleistung erst nach der Interaktion und nur anhand von Kundenerwartungen und Erfahrungen ermittelt.[2] Deswegen sollten IT-Abteilungen ihre Dienstleistungen zielgerichtet, kundenfreundlich, geschäftsprozessorientiert und wirtschaftlich gestalten. Dieser Vorgang wird unter dem Begriff IT-Service-Management (ITSM) geplant, überwacht und gesteuert.[3]

---

[1] Vgl. Merz, Sandra: Die vierte industrielle Revolution kommt in der Wirklichkeit an. In: http://www.computerwoche.de/a/die-vierte-industrielle-revolution-kommt-in-der-wirklichkeit-an,3096002, Abrufdatum: 28.11.2015.
[2] Vgl. Victor, Frank; Günther, Holger: Optimiertes IT-Management mit ITIL – So steigern Sie die Leistung Ihrer IT-Organisation – Einführung, Vorgehen, Beispiele, 2. Auflage, Wiesbaden 2005, S. 12 ff.
[3] Vgl. Beims, Martin; Ziegenbein, Michael: IT-Service-Management in der Praxis mit ITIL – Der Einsatz von ITIL Edition 2011, ISO/IEC 20000:2011, COBIT 5 und PRINCE2, 4. Auflage, München 2015, S. 2.

Für die Realisierung und Umsetzung eines ITSM werden Standards und Best Practices benötigt. Eine Sammlung von Best Practices liefert die IT Infrastructure Library (ITIL).[4]

Im Rahmen der vorliegenden Arbeit soll ITIL vorgestellt werden. Die Aufgabenstellung legt das Hauptaugenmerk auf die Einführung von ITIL bei mittelständischen Unternehmen. Aufgrund des Umfangs von ITIL wird es typischerweise nicht vollständig eingeführt. Deswegen soll mit dieser Abhandlung eine Empfehlung abgegeben werden, wie man ITIL bei mittelständischen Unternehmen teilweise einführen kann und welche Prozessbereiche für die Einführung sinnvoll sind. Auch die Möglichkeiten zur schrittweisen Ergänzung um neue Prozesse sollen dargestellt werden.

Dazu werden im nächsten Kapitel die Grundlagen eruiert, wobei ITIL (Edition 2011) mit ihrer Zielsetzung und Struktur beschrieben wird. Im dritten Kapitel wird der Einführungsprozess beispielhaft anhand eines mittelständischen Unternehmens aufgezeigt. Dabei werden die Prozesse geschildert und wird die Auswahl bestimmter Prozessbereiche von ITIL begründet. Abschließend findet eine kritische Würdigung der Untersuchungen statt. Ziel der Abhandlung ist es, eine beispielhafte Vorgehensweise für die Einführung von ITIL bei mittelständischen Unternehmen zu veranschaulichen, so dass dabei die kontinuierliche Verbesserung des IT-Managements berücksichtigt wird.

Dieses Assignment erhebt dabei keinen Anspruch auf Vollständigkeit. Mit dieser kurzen Arbeit können die Gesamtheit von ITIL und deren umfangreiche Möglichkeiten nicht detailliert vorgestellt werden.

---

[4] Vgl. Beims, Martin; Ziegenbein, Michael: IT-Service-Management in der Praxis mit ITIL – Der Einsatz von ITIL Edition 2011, ISO/IEC 20000:2011, COBIT 5 und PRINCE2, 4. Auflage, München 2015, S. 11.

2 Grundlagen

2.1 Definition von ITIL

Die rasante Entwicklung der IT in den letzten Jahren erschwerte die Einführung von Standards für Methoden und Prozesse in der IT-Branche. Dabei bestand das Problem, dass sehr schnell neue Methoden entwickelt und eingeführt wurden, womit sich die Prozesse auch sehr schnell änderten. Das damit verbundene Wachstum der Unternehmen führte jedoch dazu, dass dringend Standards für Methoden und Prozesse benötigt wurden. Die Unternehmen strebten nach standardisierten Methoden und Prozessen, welche mittels ITSM erreicht werden sollten.[5] ITSM nimmt dabei einen prozessorientierten Ansatz auf und bietet die Möglichkeit, anhand von Standards und entsprechenden Rahmenwerken wie ITIL die Prozesse in Form von Services für Kunden zu gestalten. Dabei werden IT-Aktivitäten strukturiert und wird das Zusammenspiel zwischen IT-Personal und Kunden organisiert.[6]

ITIL wurde in Großbritannien in den 1980er Jahren entwickelt. Damit wollte man die öffentliche Verwaltung des Landes verbessern. Dabei entstanden in der ersten Version über 70 Publikationen mit Best Practices zu IT-Managementkonzepten, IT-Prozessen und IT-Methoden. Die ITIL Version 1 ist geprägt durch die Prozessorientierung. Mit der Version 2 wurde auch die Kundenorientierung eingeführt. Die Version 2 entstand in den Jahren 1999 bis 2006. Die Version 3 vom Juni 2007 betrachtet zusätzlich auch den Lebenszyklus der IT-Services.[7]

---

[5] Vgl. Kresse, Michael: IT Service Management Advanced Pocketbook: Band 1: Fokus - IT infrastructure Library (ITIL), 1. Auflage, Bad Homburg 2005, S. 6 ff.
[6] Vgl. van Bon, Jan: IT Service Management – An Introduction based on ISO 20000 and ITIL V3 (ITSM Library), 1. Auflage, Zaltbommel 2007, S. 31 ff.
[7] Vgl. Hofmann, Jürgen; Schmidt, Werner (Hrsg.): Masterkurs IT-Management – Grundlagen, Umsetzung und erfolgreiche Praxis für Studenten und Praktiker, 2. Auflage, Wiesbaden 2010, S. 117.

Mit der aktuellen Edition 2011 wurden die fünf Bücher konsistenter und einheitlicher gestaltet. ITIL hat sich damit sukzessive zu einem übergreifenden Rahmenwerk für standardisierte IT-Prozesse in Unternehmen etabliert.[8]

Aktuell wird ITIL vom Office of Government Commerce (OGC) gefördert und weiterentwickelt. Das OGC ist eine unabhängige Beratungsstelle der britischen Regierung und zeitgleich Eigentümer von ITIL. Somit ist das OGC nicht abhängig von bestimmten Unternehmen oder Produkten und widmet sich der Verbreitung der ITIL-Philosophie, wobei sich im Laufe der letzten Jahre eine ganze Industrie entwickelt hat, welche ITIL-Dienstleistungen, Training und Beratung anbietet. Des Weiteren sind auch andere Organisationen als das OGC an der Weiterentwicklung und Pflege von ITIL beteiligt. Das IT-Service Management Forum (itSMF), eine internationale Non-Profit-Organisation (NPO), widmet sich ebenfalls der Weiterentwicklung von ITIL, wobei der Schwerpunkt bei der Entwicklung des IT-Service-Managements liegt. Außerdem hat das OGC auch Verträge mit kommerziellen Unternehmen, wie der APM Group, welche offiziell die Zertifikate der ITIL-Examen definieren sowie Prüfungsstellen akkreditieren darf. Damit dürfen nun bestimmte Prüfungsstellen, wie die EXIN, ISEB, CERT-IT, CSME oder TÜV SÜD, ITIL-Examen durchführen.[9]

Mit ITIL können Unternehmen von den Erfahrungen anderer Unternehmen profitieren, denn ITIL stellt mit seinen Best-Practice-Leitfäden bzw. Good-Practice-Leitfäden Prozesse für das ITSM vor, welche sich aus vielen Projekten in der Praxis entwickelt haben.[10]

---

[8] Vgl. Beims, Martin; Ziegenbein, Michael: IT-Service-Management in der Praxis mit ITIL – Der Einsatz von ITIL Edition 2011, ISO/IEC 20000:2011, COBIT 5 und PRINCE2, 4. Auflage, München 2015, S. 13.
[9] Vgl. Bernard, Pierre: Foundations of ITIL 2011 Edition, 1. Auflage, Zaltbommel 2012, S. 3 f.
[10] Vgl. Köhler, Peter: ITIL: Das IT-Servicemanagement Framework, 2. Auflage, Berlin 2007, S. 37 ff.

Diese Prozesse werden anhand der fünf ITIL-Publikationen festgehalten, welche auch gleichzeitig die fünf Service-Lebenszyklusphasen darstellen:[11]

- Service Strategy (Servicestrategie)
- Service Design (Serviceentwicklung)
- Service Transition (Serviceinbetriebnahme)
- Service Operation (Servicebetrieb)
- Continual Service Improvement (CSI) (Kontinuierliche Service-verbesserung)

Damit ist ITIL eine öffentlich zugängliche Wissensquelle, welche auch von Unternehmen seit den 90er Jahren eingesetzt wird. Damit hat sich ITIL zu einem Standard für das ITSM entwickelt. In Deutschland wird ITIL erst seit 2003 verstärkt eingesetzt. Heute ist ITIL aber auch in Deutschland unumgänglich für das ITSM.[12]

---

[11] Vgl. Hofmann, Jürgen; Schmidt, Werner (Hrsg.): Masterkurs IT-Management – Grundlagen, Umsetzung und erfolgreiche Praxis für Studenten und Praktiker, 2. Auflage, Wiesbaden 2010, S. 124.
[12] Vgl. Kittel, Martin; Koerting, Torsten; Schött, Dirk: Kompendium für ITIL V3 Projekte: Von der Analyse zum selbstoptimierenden Prozess, 1. Auflage, Norderstedt 2011, S. 26.

2.2 Zielsetzung und Zielgruppen von ITIL

ITIL bietet Good-Practice-Leitfäden für das ITSM, dabei werden aber nicht einzelne Prozessschritte detailliert beschrieben. Deswegen sollte man die ITIL-Literatur nicht als Prozesshandbuch verwenden. ITIL versucht lediglich Erfahrungen und Beispiele für die Praxis zu beschreiben, ohne sich auf ein Unternehmen oder sogar eine Branche zu beschränken. ITIL verfolgt also das Ziel, branchen- und unternehmensunabhängig Erfahrungen aus ITSM-Projekten zu sammeln und sie generell gültig zu dokumentieren. Diese Informationen sollen noch mit zusätzlichen Erfahrungen aus der Wirtschaft und Wissenschaft ergänzt werden. Damit können Verantwortliche auf bestehende Erfahrungen zurückgreifen und müssen nicht erst selbst Erfahrungen sammeln. Sie können aus den Fehlern von anderen lernen und die eigenen Serviceprozesse schneller effizient gestalten. Mit ITIL sollen IT-Services auf die Anforderungen des Business angepasst und regelmäßig optimiert werden, so dass die Geschäftsprozesse ideal unterstützt werden.[13] Denn Ausfälle der IT können zu erheblichen wirtschaftlichen Schäden führen. Außerdem sind die Wartung und der Betrieb von IT-Systemen mit hohen Kosten verbunden. Mit ITIL sollen die IT-Services als ein wichtiger Aspekt des Business in den Mittelpunkt rücken.[14]

Als Zielgruppe für ITIL kommen alle Personen in Frage, welche in die Planung, Steuerung und Überwachung von IT-Services involviert sind. Dies können CIOs, Mitarbeiter, Entwickler, Berater und auch Dienstleister sein. Die einzelnen ITIL-Bücher haben zum Teil unterschiedliche Schwerpunkte. Während sich die Bücher Service Strategy und Service Design verstärkt an das Management richten, wendet sich Service Operations an die operativen Stellen.[15]

---

[13] Vgl. Beims, Martin; Ziegenbein, Michael: IT-Service-Management in der Praxis mit ITIL – Der Einsatz von ITIL Edition 2011, ISO/IEC 20000:2011, COBIT 5 und PRINCE2, 4. Auflage, München 2015, S. 11 ff.

[14] Vgl. Teubner, Alexander; Terwey, Jan: IT-Service Management: Ein neues Paradigma für das Informationsmanagement, Arbeitsbericht des Instituts für Wirtschaftsinformatik – Arbeitsbericht Nr. 118, Münster 2008, S. 5.

[15] Vgl. Kittel, Martin; Koerting, Torsten; Schött, Dirk: Kompendium für ITIL V3 Projekte: Von der Analyse zum selbstoptimierenden Prozess, 1. Auflage, Norderstedt 2011, S. 26.

2.3 Struktur und Prozesse von ITIL

Die fünf Service-Lebenszyklusphasen lassen sich in weitere Prozesse untergliedern. Abbildung 1 stellt die Serviceprozesse kategorisiert nach ihren Lebenszyklusphasen vor.

Service Strategy	Service Design	Service Transition	Service Operation
• Strategy Management for IT Services • Business Relationship Management • Financial Management for IT Services • Service Portfolio Management • Demand Management	• Design Coordination • Service Catalogue Management • Service Level Management • Availability Management • Capacity Management • Information Security Management • IT Service Continuity Management • Supplier Management	• Transition Planning and Support • Change Management • Service Asset and Configuration Management • Release and Deployment Management • Service Validation and Testing • Change Evaluation • Knowledge Management	• Event Management • Incident Management • Request Fullfilment • Problem Management • Access Management
Continual Service Improvement			

Abbildung 1: Die ITIL-Prozesse im Überblick[16]

Betrachtet man die ITIL-Prozesse als einen Service-Lifecycle, lassen sich die Zusammenhänge bei der Gestaltung des ITSM besser darstellen.

---

[16] Aus Beims, Martin; Ziegenbein, Michael: IT-Service-Management in der Praxis mit ITIL – Der Einsatz von ITIL Edition 2011, ISO/IEC 20000:2011, COBIT 5 und PRINCE2, 4. Auflage, München 2015, S. 16.

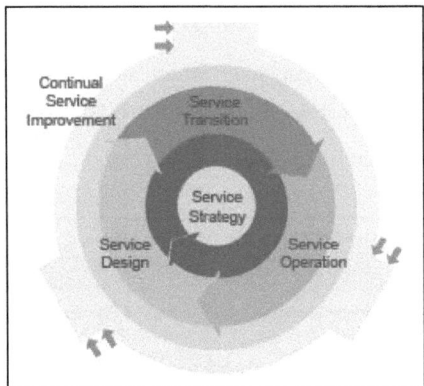

Abbildung 2: Service-Lifecycle[17]

Service Strategy bildet die Ausgangslage für die anderen Prozesskategorien. Dabei werden die Ausrichtung und Strategie des Service-Lifecycle festgelegt. Es werden Ziele definiert und Chancen sowie Möglichkeiten analysiert. Mit der Service Strategy werden die folgenden Prozesse abgebildet:[18]

- **Strategy Management for IT Services:** Aufstellung und Abstimmung der Ziele. Abgleich der IT-Ziele mit den Businesszielen. Ableitung der Strategie in taktische und operative Pläne.

- **Business Relationship Management:** Ziel ist die Optimierung der Beziehungen zwischen Kunden und Service Provider. Dazu müssen die Bedürfnisse der Kunden untersucht und deren Geschäftsprozesse analysiert werden.

- **Financial Management for IT Services:** Stellt klassisch die Kosten und Nutzen eines Services gegenüber. Damit lässt sich die betriebswirtschaftliche Relevanz eines Service darstellen.

---

[17] Aus Beims, Martin; Ziegenbein, Michael: IT-Service-Management in der Praxis mit ITIL – Der Einsatz von ITIL Edition 2011, ISO/IEC 20000:2011, COBIT 5 und PRINCE2, 4. Auflage, München 2015, S. 17.
[18] Vgl. ebenda, S. 31 ff.

- **Service Portfolio Management:** Stellt den Umfang der Services dar. Ziel ist es, neue Services zu beschreiben und alte nicht mehr notwendige Services entsprechend einzustellen.
- **Demand Management:** Hierbei werden die Kapazitäten verwaltet und wird die rechtzeitige Bereitstellung der Services sichergestellt.

Service Design verwendet die Vorgaben aus Service Strategy, um die IT-Services innovativ und effektiv gestalten zu können. Damit sollen neue und bestehende Services sowie Service-Management-Prozesse entwickelt werden. Ziel ist es, den Nutzen aus den IT-Services für den Kunden immer weiter zu optimieren. Service Design wird dabei in folgende Prozesse eingeteilt:[19]

- **Design Coordination:** Ziele der Service-Design-Phase sollen überwacht und ihre Erreichung sichergestellt werden. Alle Prozesse dieser Phasen sollen zentral und strukturiert koordiniert werden.
- **Service Catalogue Management:** Hierbei wird ein Servicekatalog erstellt, welcher alle Services zentral zugänglich festhält. Die Dokumentation muss dabei einheitlich, strukturiert und vollständig erstellt werden.
- **Service Level Management:** Die festgelegten Service Level und vereinbarten Ziele sollen für den Kunden dokumentiert werden. Anschließend findet eine aktive Überwachung und Kontrolle der Ziele statt.
- **Availability Management:** Hiermit werden die Richtlinien für die Verfügbarkeit der Services festgelegt. Damit soll geklärt werden, zu welchen Zeiten ein Service den Kunden zur Verfügung steht.
- **Capacity Management:** Rechtzeitige Ermittlung der benötigten Kapazitäten. Ziel ist es, eine ausreichende Kapazität für die Services zur richtigen Zeit zur Verfügung stellen zu können.
- **Information Security Management:** Dient der Sicherstellung der Daten, welche mit der Erbringung der Services anfallen.

---

[19] Vgl. Beims, Martin; Ziegenbein, Michael: IT-Service-Management in der Praxis mit ITIL – Der Einsatz von ITIL Edition 2011, ISO/IEC 20000:2011, COBIT 5 und PRINCE2, 4. Auflage, München 2015, S. 69 ff.

- **IT Service Continuity Management:** Sicherstellung der Recovery-Möglichkeit der Systeme. Bei Störungen und Ausfällen muss gewährleistet werden, innerhalb einer vereinbarten Zeit die Systeme wiederherzustellen.
- **Supplier Management:** Überwacht die externen Dienstleister.

Mit der **Service Transition** werden die bisher definierten Prozesse auch in der Praxis umgesetzt. Die Prozesse werden dabei gezielt der Business-Umgebung übergeben. Außerdem wird hier Wissens- und Risikomanagement betrieben sowie auf die Veränderung der Unternehmenskultur reagiert. Die Service Transition besteht aus den folgenden Prozessen:[20]

- **Transition Planning and Support:** Planung und Koordination der Ressourcen bei der Lieferung der Services. Identifikation der Risiken bei der Umsetzung der Services.
- **Change Management:** Prüfung aller möglichen Veränderungen an vorhandenen, neuen und bereits außer Betrieb genommenen Services.
- **Service Asset and Configuration Management:** Erfassung und Verwaltung der benötigten IT-Infrastruktur.
- **Release and Deployment Management:** Implementation der Releases in der geplanten Umgebung und zur richtigen Zeit. Erstellen von adäquaten Benutzerhandbüchern, Schulungen oder Kommunikationsplänen.
- **Service Validation and Testing:** Prüfung und Sicherstellung der Servicequalität. Analyse, ob der Service den erwarteten Nutzen liefert und ob der Service auch zuverlässig geliefert wird.
- **Change Evaluation:** Bewertung von Veränderungen unmittelbar nach einer Änderung eines Service. Danach wird nochmals geprüft, ob der Service die gewünschte Performance liefert und ob die Kosten dafür gerechtfertigt sind.

---

[20] Vgl. Beims, Martin; Ziegenbein, Michael: IT-Service-Management in der Praxis mit ITIL – Der Einsatz von ITIL Edition 2011, ISO/IEC 20000:2011, COBIT 5 und PRINCE2, 4. Auflage, München 2015, S. 111 ff.

- **Knowledge Management:** Ziel ist die Bereitstellung der richtigen Information den richtigen Personen zur richtigen Zeit und am richtigen Ort. Dazu werden die Informationen aus dem Verlauf des Lifecycles strukturiert gesammelt und aufbereitet.

Die **Service Operation** zeigt, wie die Services im täglichen Geschäft effektiv und effizient ausgeführt werden. Dabei werden Prozesse gesteuert und gemessen. Ziel ist es, die Services mit dem entsprechenden Mehrwert für die Kunden zu betreiben. Service Operation besteht aus den folgenden Prozessen:[21]

- **Event Management:** Damit sollen unvorhergesehene Ereignisse entdeckt und entsprechende Maßnahmen eingeleitet werden.
- **Incident Management:** Wiederherstellung der Servicequalität nach einer Störung. Reduzierung der Auswirkungen auf den Kunden.
- **Request Fulfilment:** Anforderungen, welche nicht aus einer Störung resultieren, sollen hier angenommen und koordiniert bearbeitet werden.
- **Problem Management:** Ziel ist die Vermeidung von Problemen. Dazu sollen die Ursachen für die Probleme ermittelt, entsprechende Lösungen ausgearbeitet und die Beseitigung der Probleme initiiert werden.
- **Access Management:** Festlegung und Verwaltung der Zugriffsrechte auf die Services. Dabei muss die Sicherheit der Daten gewährleistet werden.

Mit dem **Continual Service Improvement (CSI)** sollen alle Prozesse kontinuierlich verbessert werden, ohne dass dabei die Prozesse neu entwickelt werden müssen. Ziel ist die Verbesserung der Qualität. Dazu müssen die definierten Ziele aus den einzelnen Prozessen in ein Kennzahlensystem überführt und entsprechend mit den Ist-Werten abgeglichen und bewertet werden. Als Prozess verwendet CSI den 7-Step-Improvement-Prozess.[22]

---

[21] Vgl. Beims, Martin; Ziegenbein, Michael: IT-Service-Management in der Praxis mit ITIL – Der Einsatz von ITIL Edition 2011, ISO/IEC 20000:2011, COBIT 5 und PRINCE2, 4. Auflage, München 2015, S. 150 ff.
[22] Vgl. ebenda, S. 58 ff.

Dies ist ein Prozess, welcher dazu dient Prozesse zu optimieren. Die folgende Abbildung stellt diesen Prozess übersichtlich dar.

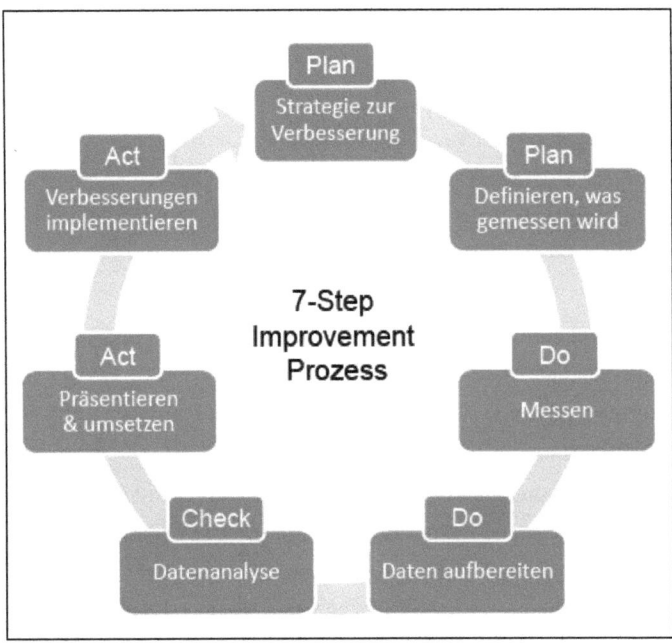

Abbildung 3: 7-Step-Improvement-Prozess[23]

Mit dem 7-Step-Improvement-Prozess sollen die Prozesse kontinuierlich verbessert werden. Dazu werden Messdaten aus strategischen, taktischen und operationellen Zielen abgeleitet. Es werden Messkriterien festgelegt und wird nach diesen Kriterien gemessen. Anschließend finden die Aufbereitung sowie die Analyse der Daten statt. Mit den hier ermittelten Erkenntnissen sollen Verbesserungen geplant und abschließend umgesetzt werden. Nach der Implementation der Verbesserung wird der Prozess neu gestartet.

---

[23] Aus Beims, Martin; Ziegenbein, Michael: IT-Service-Management in der Praxis mit ITIL – Der Einsatz von ITIL Edition 2011, ISO/IEC 20000:2011, COBIT 5 und PRINCE2, 4. Auflage, München 2015, S. 63.

3 Einführungsprozess von ITIL bei einem mittelständischen Unternehmen

Bevor ein Einführungsprozess von ITIL für mittelständische Unternehmen ausgearbeitet werden kann, muss zuerst definiert werden, was ein mittelständisches Unternehmen ist und welche Besonderheiten im Gegensatz zu großen Unternehmen berücksichtigt werden müssen. Als mittelständische Unternehmen werden hierbei alle Unternehmen definiert, welche eine Größe von 250 bis 5000 Mitarbeitern aufweisen.

Unabhängig von der Größe der Unternehmen haben alle IT-Abteilungen den gleichen Auftrag. Die IT muss die Geschäftsprozesse des Unternehmens optimal unterstützen. Die IT-Abteilungen von mittelständischen Unternehmen sind im Gegensatz zu großen Unternehmen flexibler gestaltet. Die Hierarchien sind flacher und das Verständnis für das Business ist höher. Jedoch sind die Ressourcen geringer. Ein Mitarbeiter kann hier für mehrere Services verantwortlich sein. Dabei konzentriert sich das Wissen meist auf wenige Mitarbeiter. Die knappen Ressourcen müssen bei der Einführung von ITIL berücksichtigt werden.[24] Dem steht der große Umfang von ITIL entgegen. Deswegen sollte ITIL vor allem bei mittelständischen Unternehmen nicht direkt komplett eingeführt werden.

Bei der schrittweisen Einführung stellt sich natürlich die Frage, welche Teilbereiche von ITIL sich für die Einführung besser eignen. Betrachtet man die einzelnen Prozesskategorien aus Kapitel 2.3, wird deutlich, dass sich kundennahe und operationale Prozesse für die Einführung besser eignen. Hiermit können die schnellsten Ergebnisse erzielt und auch die begrenzten Ressourcen entsprechend berücksichtigt werden. Die Komplexität sowie die Steuerung der Prozesse sind in dieser Phase nicht hoch. Man sollte also mit den Prozessen Incident, Problem, Change und Service Asset and Configura-

---

[24] Vgl. Groschinski, Fabian; Hegenloh, Samuel; Leinen, Sebastian; Nold, Andreas: ITIL for Small Business IT aus Arbeitsberichte zur Wirtschaftsinformatik (Nummer 04/2008) der Berufsakademie Ravensburg, 2008, S. 9 ff.

tion Management anfangen.[25] Während mit dem Incident Management sowie dem Problem Management die Störungen reduziert und Maßnahmen zu deren Vermeidung eingeleitet werden, kann anhand des Change Managements eine Übersicht über die vorhandenen, einzusetzenden oder außer Betrieb genommenen Services gewonnen werden. Das Service Asset and Configuration Management dient zusätzlich der Strukturierung der IT-Infrastruktur.

Der Einführungsprozess sollte wie in Abbildung 4 veranschaulicht dargestellt werden. Dabei werden zuerst die wichtigsten Geschäftsziele bezüglich des gewünschten Prozesses definiert. Anschließend findet eine Analyse der bestehenden Prozesse statt. Im nächsten Schritt werden erforderliche Ressourcen sowie der genaue Prozessdesign ausgearbeitet. Daraus wird dann ein Aktionsplan gestaltet, welcher die Vorgehensweise mit Meilensteinen festlegt und somit das Anwendungsdesign beschreibt. Abschließend findet die geplante Implementierung des Prozesses statt.

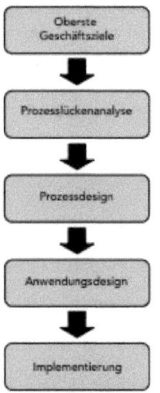

Abbildung 4: Implementierungsprozess von einem ITIL-Prozess[26]

---

[25] Vgl. o.V.: ITIL für Kleine und Mittelständische Unternehmen aus Best Pratices Whitepaper der BMC Software Inc. In:
http://documents.bmc.com/products/documents/15/91/61591/61591.pdf, Abrufdatum: 13.12.2015, S. 3.
[26] Aus ebenda, S. 4.

Nach der Einführung dieser Prozesse müssen Erfahrungen gesammelt und erste Ergebnisse daraus ausgewertet werden. Darauf basierend kann man dann weitere ITIL-Prozesse einführen. Entscheidend für die weitere Reihenfolge der Einführung ist der Bedarf im Unternehmen. Die Prozesse, welche aktuell den größten Bedarf einer Strukturierung haben, sollten zuerst eingeführt werden. Ansonsten sollte man zuerst die Prozesse der Kategorie Service Strategy, darauf aufbauend Prozesse des Service Design und der Service Transition einführen. Abschließend können die noch fehlenden Prozesse der Service Operation eingeführt werden. Mit dieser Vorgehensweise stellt man sicher, dass zuerst die strategische Ausrichtung festgelegt wird und die darauf folgenden Services entsprechend ausgerichtet sind.

4 Kritische Würdigung

Ein Kritikpunkt an ITIL ist der große Aufwand für dessen Einführung. Die Projekte dauern zu lange. Vor allem bei kleinen und mittelständischen Unternehmen mit sehr flachen Hierarchien kann ITIL zu unnötigen und komplizierten Vorgängen führen. Eine Studie der MSG Services AG hat über 300 mittelständische Unternehmen über die Möglichkeiten von ITIL befragt.[27] Die mittelständischen Unternehmen sind skeptisch und finden ITIL zu komplex. Die Prozesse seien nicht auf die Bedürfnisse von mittelständischen Unternehmen zugeschnitten. Da ITIL lediglich als eine Richtlinie bzw. als Rahmenwerk für Optimierungen dient, ist die Kritik hier indes nicht gerechtfertigt.

Ein weiteres Problem ist, dass ITIL nicht als Best Practice bzw. Good Practice interpretiert wird. Man darf nicht den Fehler machen und sich als Ziel setzen, ITIL einzuführen. ITIL sollte immer nur als Werkzeug und Rahmenwerk dienen und als Ziel müssen stets die Geschäftsinteressen verfolgt werden.[28] Wird ITIL zu starr umgesetzt, sind die neuen ITIL-konformen Prozesse für mittelständische Unternehmen nicht ausreichend effektiv und effizient. Es besteht die Gefahr, dass die IT-Prozesse auswuchern und nur mit erhöhtem Einsatz von Personal verwaltet werden können. Deswegen muss man sich vor der Einführung von ITIL nicht nur auf einzelne Teilbereiche, wie in Kapitel 3 erläutert, beschränken, sondern auch die Prozesse detailliert untersuchen sowie auf die Branche, Größe und Strategie des Unternehmens anpassen.[29]

Abschließend muss noch angemerkt werden, dass die Standardisierung der IT zwar enorme Kostenersparnisse mit sich bringt, aber auch einen großen Nachteil: Standards können eigene Ideen verhindern und damit die Innovati-

---

[27] Vgl. o.V.: Wo ITIL zu komplex ist. In: http://www.computerwoche.de/a/wo-itil-zu-komplex-ist,1235865, Abrufdatum: 12.12.2015.
[28] Vgl. Beims, Martin; Ziegenbein, Michael: IT-Service-Management in der Praxis mit ITIL – Der Einsatz von ITIL Edition 2011, ISO/IEC 20000:2011, COBIT 5 und PRINCE2, 4. Auflage, München 2015, S. 12.
[29] Vgl. Gießen, Thomas: Wenn ITIL-Prozess wuchern. In: http://www.computerwoche.de/a/wenn-itil-prozesse-wuchern,595951, Abrufdatum: 13.12.2015.

onsfähigkeit des Unternehmens stark einschränken.[30] Dies muss nach der Einführung von ITIL berücksichtigt werden. Es muss ein adäquates Innovationsmanagement der IT-Prozesse betrieben werden.

---

[30] Vgl. Schürmann, Thomas: ITIL hat den Mittelstand vergessen: Standards verhindert eigene Ideen. In: http://www.computerwoche.de/a/itil-hat-den-mittelstand-vergessen,2515682,2, Abrufdatum: 13.12.2015.

Literaturverzeichnis

Beims, Martin; Ziegenbein, Michael:

IT-Service-Management in der Praxis mit ITIL – Der Einsatz von ITIL Edition 2011, ISO/IEC 20000:2011, COBIT 5 und PRINCE2, 4. Auflage, München 2015.

Bernard, Pierre:

Foundations of ITIL 2011 Edition, 1. Auflage, Zaltbommel 2012.

Gießen, Thomas:

Wenn ITIL-Prozess wuchern. In: http://www.computerwoche.de/a/wenn-itil-prozesse-wuchern,595951, Abrufdatum: 13.12.2015.

Groschinski, Fabian; Hegenloh, Samuel; Leinen, Sebastian; Nold, Andreas:

ITIL for Small Business IT aus Arbeitsberichte zur Wirtschaftsinformatik (Nummer 04/2008) der Berufsakademie Ravensburg, 2008.

Hofmann, Jürgen; Schmidt, Werner (Hrsg.):

Masterkurs IT-Management – Grundlagen, Umsetzung und erfolgreiche Praxis für Studenten und Praktiker, 2. Auflage, Wiesbaden 2010.

Kittel, Martin; Koerting, Torsten; Schött, Dirk:

Kompendium für ITIL V3 Projekte: Von der Analyse zum selbstoptimierenden Prozess, 1. Auflage, Norderstedt 2011.

Köhler, Peter:

ITIL: Das IT-Servicemanagement Framework, 2. Auflage, Berlin 2007.

Kresse, Michael:

IT Service Management Advanced Pocketbook: Band 1: Fokus - IT infrastructure Library (ITIL), 1. Auflage, Bad Homburg 2005.

Merz, Sandra:

Die vierte industrielle Revolution kommt in der Wirklichkeit an. In: http://www.computerwoche.de/a/die-vierte-industrielle-revolution-kommt-in-der-wirklichkeit-an,3096002, Abrufdatum: 28.11.2015.

o.V.:

Wo ITIL zu komplex ist. In: http://www.computerwoche.de/a/wo-itil-zu-komplex-ist,1235865, Abrufdatum: 12.12.2015.

o.V.:

ITIL für Kleine und Mittelständische Unternehmen aus Best Pratices
Whitepaper der BMC Software Inc. In:
http://documents.bmc.com/products/documents/15/91/61591/61591.pdf,
Abrufdatum: 13.12.2015.

Schürmann, Thomas:

ITIL hat den Mittelstand vergessen: Standards verhindert eigene Ideen. In:
http://www.computerwoche.de/a/itil-hat-den-mittelstand-
vergessen,2515682,2, Abrufdatum: 13.12.2015.

Teubner, Alexander; Terwey, Jan:

IT-Service Management: Ein neues Paradigma für das
Informationsmanagement, Arbeitsbericht des Instituts für
Wirtschaftsinformatik – Arbeitsbericht Nr. 118, Münster 2008.

van Bon, Jan:

IT Service Management – An Introduction based on ISO 20000 and ITIL V3
(ITSM Library), 1. Auflage, Zaltbommel 2007.

Victor, Frank; Günther, Holger:

Optimiertes IT-Management mit ITIL – So steigern Sie die Leistung Ihrer IT-
Organisation – Einführung, Vorgehen, Beispiele, 2. Auflage, Wiesbaden
2005.